LIVELLO 2 · A1/A2
1000 parole

GW01451737

LE CITTÀ IMPOSSIBILI

Maurizio Sandrini

con illustrazioni di Ottavia Bruno

Letture Italiano Facile

direzione editoriale: Massimo Naddeo
redazione: Chiara Sandri
progetto grafico e copertina: Lucia Cesarone
impaginazione: Gabriel de Banos
illustrazioni: Ottavia Bruno

© 2015 ALMA Edizioni
Printed in Italy
ISBN 978-88-6182-371-6
prima edizione: marzo 2015

ALMA Edizioni
viale dei Cadorna 44
50129 Firenze
tel. +39 055 476644
fax +39 055 473531
alma@almaedizioni.it
www.almaedizioni.it

audio on line su
www.almaedizioni.it/italiano-facile

Tutti i diritti di traduzione, di memorizzazione elettronica, di riproduzione
e di adattamento totale o parziale, con qualsiasi mezzo (compresi i microfilm,
le riproduzioni digitali e le copie fotostatiche), sono riservati in tutti i Paesi.

INDICE

Le città impossibili _____ pagina 4

Esercizi _____ pagina 36

Soluzioni _____ pagina 63

1. La partenza

traccia 1

– Allora domani parti!
– Sì, vado in Italia.
– Per quanti giorni?
– Dieci. Voglio visitare tutte le grandi città italiane: Roma, Milano, Firenze, Napoli...
– È la prima volta che vai in Italia?
– Sì.
– Davvero? Io sono stato in Italia due volte, da giovane: è bellissima!
– Sì, lo so. E cosa pensi degli italiani?
– Cosa vuoi dire?
– Beh, sono così diversi da noi...
– Ma sono diversi anche tra loro! Ogni città ha un suo carattere, e il Nord Italia è molto diverso dal Sud.
– Cosa? Ogni città ha un suo carattere?
– Sì, ma è tutto molto interessante! Quando torni mi racconti le tue impressioni!
– Sì, certo.
– Allora, buon viaggio!

La notte prima della partenza non riesco a dormire. Penso alle parole del mio amico: "Ogni città ha un suo carattere."
Cosa significa? Penso al mio viaggio e piano piano mi addormento. L'Italia mi aspetta.

fai gli ESERCIZI
vai a pagina 36

▶ note ────────────────────────────

diversi • differenti, il contrario di "uguali" *Mia madre e mio padre hanno gusti diversi: mia madre è appassionata di musica lirica, mio padre preferisce il jazz.*
carattere • personalità, modo di essere *Ho un brutto carattere: mi arrabbio facilmente e non ho pazienza.*
mi addormento (inf. addormentarsi) • comincio a dormire *In questo periodo sono molto stanco. A volte mi addormento in metropolitana.*

2. Genova • la città degli avari

Un avaro è una persona che non dà volentieri agli altri quello che ha. È il contrario di "generoso". Tu sei avaro o generoso?

Genova è una città sul mare, con un grande porto famoso in tutta Europa. Genova è famosa anche per i suoi poeti e i suoi cantautori. A me piace ascoltare la radio dei Paesi che visito e quando arrivo a Genova alla radio c'è proprio una canzone di un cantautore genovese: Fabrizio De André.

È una canzone bella e triste, come il panorama della mia stanza d'albergo.

Il giorno dopo cammino nel centro storico. Ma dopo 10 minuti capisco che ho perso la strada. Entro in un bar per chiedere informazioni.

– Buongiorno. Vorrei un'informazione.
– Certo, ma deve prendere anche un caffè.
– Ah. E perché?
– Perché questo non è un ufficio informazioni, è un bar.
– D'accordo. Allora un caffè.
– Certo. Ecco qui. 2 euro!
– 2 euro? Ma nel menù c'è scritto 90 centesimi!
– Non ho scritto io il menù. E poi, il caffè al tavolo costa di più.

Gli do 20 euro perché non ho monete.

---

note ◂

porto • il parcheggio delle navi
A Napoli c'è un importante porto commerciale.

cantautori • cantanti e autori della canzone *Franco Battiato è un famoso cantautore italiano.*

monete

– Ma come, mi dà 20 euro? Non ha monete?

– No, mi dispiace.

– Eh, dispiace più a me. Guardi, qui davanti c'è un'edicola: può chiedere se ha 20 euro da cambiare.

Esco e attraverso la strada, l'edicola è di fronte al bar.

– Buongiorno, ha 20 euro da cambiare?

– E cosa sono io, la banca? Io vendo giornali e riviste .

– Sì, ma io devo pagare un caffè e il barista non ha il resto.

– Molto interessante: e perché viene da me?

– Per cambiare i 20 euro...

– Ho detto che io vendo giornali. Ripeto: vendo. Capito?

Alla fine ho dovuto comprare un giornale e la rivista *Il mio amico cane* (io non ho cani). Tutto per pagare un caffè. Totale della spesa: 15 euro e 50. Genova è una città poetica, ma anche costosa.

fai gli ESERCIZI
vai a pagina 39

▶ note

edicola • negozio dove si vendono giornali e riviste *Ogni mattina compra il giornale all'edicola di fronte al bar.*

3. Bologna • la città dei generosi

traccia 3

Una persona generosa ama condividere quello che ha con gli altri. È sempre pronta ad aiutare le altre persone. Da 1 a 5, quanto pensi di essere generoso?

Mi hanno detto che Bologna è famosa perché qui c'è la più antica università del mondo. Per questo gli italiani chiamano Bologna *la dotta*, cioè la città dello studio. Vengono a Bologna molti studenti da tutte le parti d'Italia. Quando il treno arriva, capisco subito che Bologna è molto diversa da Genova: tutti sorridono, tutti sono gentili.
Per esempio, il primo giorno nella piazza principale della città (si chiama Piazza Maggiore) chiedo un'informazione a un signore.

– Sì, deve andare in fondo a destra, ma posso venire con Lei.
– Grazie, molto gentile, ma io...
– Ma è quasi l'una, perché non mangiamo insieme? Naturalmente offro io!
– Ma non voglio disturb...
– Nessun disturbo! Mia moglie cucina benissimo, ora le telefono... Sara? Oggi abbiamo un altro ospite!

Arriviamo a casa e il pranzo è già pronto: sul tavolo vedo cibo per sei persone. Ma siamo solo in tre. La moglie si chiama Sara, è una donna piena di vita.

– Benvenuto! È tutto pronto, ho già preparato gli antipasti!

---

note ◄

condividere • far partecipare gli altri *Per me in un rapporto di amicizia è importante condividere tutto.*

sorridono (inf. sorridere)

:)

ospite • invitato *Andiamo al ristorante? Sei mio ospite!*

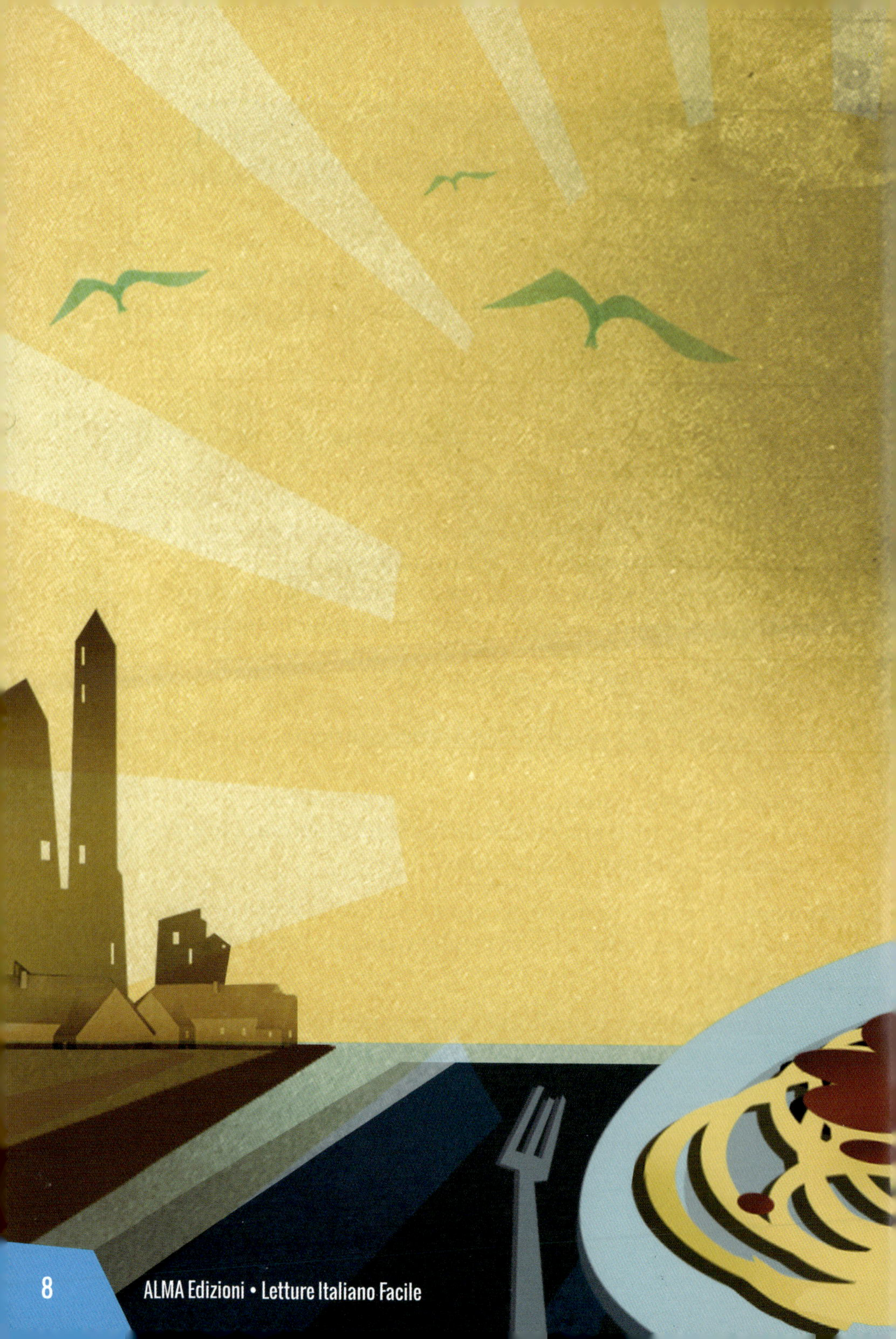

– Ecco, amico mio, il Suo posto è qui. Ah bene, bene, abbiamo mortadella, piadine con crudo e crescenza.

So cosa sono le piadine: sono come dei grossi dischi di pane.

– Che cos'è la crescenza?
– È un formaggio leggero, molto buono, ma perché non assaggia? Ma che fa, prende una sola piadina?

Dopo l'antipasto non ho più fame, ma la moglie arriva con un grande piatto.

– Ecco le tagliatelle!

Dopo pranzo sto male e devo andare all'ospedale. Anche il medico è molto gentile.

– Lei ha mangiato un po' troppo, caro signore!
– Ma io veramente.... Mi hanno invitato a pranzo e...
– Sì, lo so, qui a Bologna mangiamo bene, ma non deve esagerare. Scusi, stasera è occupato? Vorrei invitarLa a casa mia. Secondo me un po' di tortellini in brodo per Lei sono come una medicina. Mia moglie fa i migliori tortellini di Bologna!

Esco dall'ospedale e vado direttamente alla stazione. Ora capisco perché gli italiani chiamano Bologna anche *la grassa*.

fai gli ESERCIZI
vai a pagina 42

---

note ◄

mortadella • salume a base di carne di maiale

dischi

assaggia (inf. assaggiare) • prova qualcosa da bere o da mangiare *Giulio non assaggia mai un cibo nuovo.*
tagliatelle • pasta lunga fatta con uova *Mia nonna prepara le tagliatelle ogni domenica.*

esagerare • superare il limite *Non esegerare con il vino e i dolci!*
tortellini in brodo • pasta ripiena di carne.
la grassa • il contrario di "la magra" *Bologna è famosa per una cucina tipica molto grassa e gustosa.*

ALMA Edizioni • Letture Italiano Facile

4. Milano • la città dei frettolosi

> Una persona frettolosa è una persona che ha fretta. A te succede spesso di avere fretta? Per quali ragioni?

Sono a Milano e trovo la nebbia, ma so che in questa stagione è una cosa normale. La gente cammina di fretta e sembrano tutti molto occupati: mentre camminano leggono qualcosa, mangiano un pezzo di pizza, parlano al telefono o scrivono messaggi, mail, o non so cosa. Sembra impossibile parlare con un milanese. Però io ho bisogno di un'informazione...

– Mi scusi....
– No, non ho tempo. Mi dispiace, non è il momento giusto!

Provo con un'altra persona:

– Mi scusi...
– No, non voglio niente, grazie, mi scusi ho da fare.
– Ma io non voglio vendere niente, ho solo...
– Ho detto che ho da fare, arrivederci.

Allora entro in una rosticceria, un negozio dove è possibile comprare cose da mangiare già pronte. Una cosa molto importante per chi ha fretta, perché può mangiare e camminare.

– Buongiorno, io...
– No, guardi, c'è la fila, mi scusi. Lei è dietro di me e anche dopo la

---

note ◄

fretta • urgenza, necessità di fare presto *Possiamo parlare con calma, non ho fretta.*

nebbia

fila

signora. – dice un signore.

– Ma io non voglio niente da mangiare...

A questo punto parla il rosticcere:

– E allora cosa vuole? Mi scusi, ma qui non abbiamo tempo da perdere.

– Uhm, però ora che sento questo profumo, forse assaggio qualcosa: che cos'è quel riso giallo?

– Risotto alla milanese. Ma deve aspettare il Suo turno. Non deve aspettare molto. Noi siamo molto veloci.

– Certo, certo. Immagino. E... il famoso panettone, qui si può mangiare?

– Cosa? Il panettone? Ma no, non è Natale...

– Ma Lei non è di Milano, vero? – dice una signora.

– No, non sono italiano.

– Ecco, ora è il Suo turno. Allora, ha detto un risotto alla milanese. Altro?

– Ehm, non so, un momento...

– Eh, un momento – dice un signore dietro di me – non siamo qui ad aspettare Lei...

Esco dalla rosticceria e mangio il risotto in mezzo alla strada, insieme ad altri milanesi. Poi decido di vedere il Cenacolo di Leonardo e prendo la metropolitana.

Nella metro tutti corrono e quando arriva il treno vogliono salire per primi. E poi a ogni fermata vogliono scendere per primi. E anche quelli che sono in macchina, al semaforo vogliono partire per primi. Per vincere cosa? Solo tanto stress.

fai gli ESERCIZI
vai a pagina 44

▶ note

turno • quando una persona può o deve fare qualcosa *Oggi devo lavare il bagno, è il mio turno.*

panettone • dolce tipico di Natale *Per il 25 dicembre compriamo sempre il panettone.*

metropolitana • treno sotterraneo *Vado sempre al lavoro in metropolitana.*

semaforo

5. Palermo • la città dei pigri

traccia 5

> Il contrario di "pigro" è "attivo": quindi una persona pigra è una
> persona poco attiva, che non ha voglia di fare le cose. Secondo te è
> una cosa positiva o negativa?

La Sicilia è una delle due grandi isole italiane. Arrivo all'aeroporto di
Palermo all'ora di pranzo: c'è un bel sole, la Sicilia è famosa anche per il
sole e il mare.
Prendo un taxi per Palermo, ma il tassista non è d'accordo.

– Perché volete andare tutti sempre a Palermo? Va bene, la cattedrale
è bella, e anche Palazzo dei Normanni, certo, ma abbiamo anche
dei dintorni bellissimi, Lei lo sa? Se vuole, La porto io in un posto
particolare.
– Dove? Vicino l'Etna? – chiedo.
– Cosa? L'Etna?? Ahahah, ma Lei sa dov'è l'Etna?
– Veramente... no.
– L'Etna è vicino a Catania, a centinaia di chilometri da qui... No, no,
andiamo in un bel posto... – e mi dice il nome di una città, che non
capisco.

Dopo qualche minuto...

– Ecco, siamo arrivati. In questo Bed & Breakfast cucinano benissimo,
i cannoli della signora Carmela sono famosi in tutta la Sicilia!
Quando ha voglia di farli...

---

note ◄

isole

dintorni • luoghi vicini *Nei
dintorni di Roma ci sono posti
bellissimi!*
cannoli

ha voglia (inf. avere voglia)
• vuole *Oggi Laura non ha
voglia di uscire. Preferisce
restare a casa.*

– Cosa? Perché dice così? Ma dove...
– Arrivederci!

La signora Carmela è seduta fuori, al sole.

– Buongiorno. – mi dice.
– Buongiorno. – rispondo.
– Lei vuole una camera. – dice.
– Sì. – rispondo io.
– Mio marito è a pranzo in paese e io sono seduta qui. E sa perché? A quest'ora il sole arriva proprio qui davanti alla porta e io ho bisogno di sole. Il sole mi fa bene. Però il sole qui non resta molto, solo 10 minuti.
– Capisco. Ma io...
– Le chiavi sono alla reception. Può prendere Lei la chiave della Sua camera. Solo la 18 è occupata.

Prendo un numero che mi piace, il 26.

– Ha fame? – chiede la signora.
– Sì. C'è un ristorante, qui, vero?
– Certo. Qui cucino io, ma ora, come vede, non posso. Però può prendere la macchina di mio figlio. È nel garage, le chiavi sono già dentro. Può andare in paese e mangiare alla trattoria "Gianna". È di mia figlia.

Vado da "Gianna", ma il ristorante è chiuso. Sulla porta c'è un cartello:

> Non viene nessuno a mangiare a quest'ora e noi chiudiamo fino alle sette di sera.

▶ note ─────────────────────────────────

chiavi   ha fame (inf. avere fame) • vuole mangiare qualcosa
Mario mangia moltissimo, ha sempre fame!

Allora vado al bar per un caffè. Il barista gioca a carte con tre anziani.

– Un caffè. – dico.
– Dopo. – risponde lui.
– Prego?
– Ora non posso, devo finire di giocare.

Poi mette una carta sul tavolo e dice:

– Scopa!
– Sì, ma vorrei solo un caffè.
– Certo, un caffè, ho capito. Sto finendo di giocare. Non può aspettare 5 minuti?

I minuti passano, diventano 10, poi 15. Mi addormento su un tavolo.

– Signore, il Suo caffè è pronto! – la voce del barista mi sveglia. – Ma che fa, dorme? Lo sa che Lei è proprio pigro?

fai gli ESERCIZI
vai a pagina 46

---

carte

anziani • il contrario di "giovani" *Ma non siete anziani! Avete solo 50 anni!*

scopa! • espressione che dà il nome a un gioco di carte. Si usa quando si conquista un punto.

6. Firenze • la città dei chiacchieroni

Un chiacchierone è una persona che ama parlare molto, e sempre. Non perde mai occasione di parlare. Conosci persone così? Tu quanto sei chiacchierone da 1 a 5?

Firenze è la città del Rinascimento e camminare a Firenze è un po' come fare un viaggio nel tempo.
C'è solo un problema: tutti sanno tutto di tutti.
Arrivo alla stazione:

– Buongiorno, è appena arrivato?
– Sì, io...
– Ah, e viene da lontano?
– Sì, vengo da...
– Capisco, un viaggio lungo, eh?
– Sì...
– Ma perché non prendiamo qualcosa da bere, così mi racconta tutto con calma? Sicuramente Lei ha tante cose da raccontare!

Dopo due ore di "conversazione" (ma ha parlato solo lui), sono riuscito a scappare.
Entro in un ristorante e mi siedo. Appena ordino, il cameriere inizia con le domande:

– Perché mangia i ravioli? Non Le piacciono le penne che abbiamo nel menù?

▶ note

scappare • andare via *Mi dispiace, ma sono in ritardo. Devo scappare.*
cameriere • persona che serve ai tavoli in un ristorante o in un bar *Federico fa il cameriere in un bar in centro.*

ravioli • pasta con carne o verdura

penne • tipo di pasta

CUGINA, TUTTI,
DANTE
RINASCIMENTO PERCHÉ
STORIA MA
!BUONGIORNO
NO STAZIONE
DOPO
SCAPPARE QUANDO;
SPOSATO
CENA CHISSÀ:
?SÌ ORE LONTANO
DOMANDE
VEGETARIANO
GENTILE
FIDANZATA

– Sì, le penne mi piacciono, ma...

– ...e non ha ordinato il secondo, ma solo un'insalata mista. Lei è vegetariano?

– No, io...

– Io ho una cugina che è vegetariana o vegana, non ricordo bene... Ma forse sa chi è, voi vegani di solito vi conoscete tutti.

– Ma Le ho detto che io non sono...

– Sì è vero, Lei non è di qui. ... Ma Lei è sposato?

– No, io...

– Ah, perfetto. Questa mia cugina non è sposata e forse possiamo organizzare una cena. Si chiama Pina: è una brava ragazza, gentile con tutti!

Quando due giorni dopo chiamo un taxi per tornare alla stazione, il tassista mi guarda e dice:

– Ah, Lei è il fidanzato di Pina, il vegetariano!

fai gli ESERCIZI
vai a pagina 48

▶ note

cugina • la figlia della zia o dello zio
fidanzato • partner *Anna ha un fidanzato molto carino.*

ALMA Edizioni • Letture Italiano Facile

7. Cagliari • la città dei taciturni

traccia 7

Il taciturno è una persona che parla molto poco. Il contrario è "chiacchierone". Tu sei più taciturno o chiacchierone? Con chi preferisci essere amico?

La Sardegna: leggo sulla guida che è un posto particolare, con spiagge meravigliose. Mentre l'aereo scende verso Cagliari, guardo il panorama tra terra e mare. Il passeggero vicino a me guarda dalla stessa parte.

– Che bello! – dico e sorrido.

Niente. Non una parola.
Prendo il taxi e chiedo di andare in un buon albergo. Neanche il tassista dice niente.

– Ha capito cosa ho detto? – domando.

Lui fa un gesto con la testa come per dire: sì.
Bene. Di solito i tassisti italiani amano parlare, ma forse in Sardegna non è così.
Alla fine si ferma davanti a un albergo che sembra molto elegante. Mi indica il prezzo senza dire niente, mi prende la valigia.

– Grazie! – dico io.

Lui muove la testa, per dire due cose: "prego" e "arrivederci".

---

note ◄

spiagge • parte vicino al mare *Le spiagge italiane sono bellissime.*
neanche • forma negativa di "anche" - *Io non parlo francese, e tu? - Neanche io!*

gesto • movimento *In Italia ogni gesto ha un significado diverso.*

indica (inf. indicare)

Entro in albergo, saluto l'uomo alla reception:

– Buongiorno! Avete una camera libera? Una singola.

Lui guarda sul computer e mi dà una chiave: 236.
Prendo la chiave e domando:

– Che piano, il secondo?

Dice di sì con la testa.
Vado verso l'ascensore.

– Non funziona. – dico.
– Lo so. – è la sua risposta.

Il giorno dopo vado in centro per comprare una giacca. La commessa è una bella ragazza.

– Buongiorno, vorrei una giacca blu o nera.

La commessa mi guarda. Va a prendere una giacca.

– Ecco. Blu.
– Uhm, dove la posso provare?
– Lì. – indica il camerino, dietro di me.

Provo la giacca, mi sta bene.

– Bella, mi sta bene. Quant'è?

Non risponde. Indica il prezzo sulla manica.

▸ note ──────────────────────────────

ascensore

non funziona
(inf. funzionare) • è
rotto, è fuori uso *Il mio
computer non funziona.
Posso usare il tuo per
qualche minuto, per
favore?*

giacca

commessa • donna
che assiste i clienti
in un negozio
*Martina fa la
commessa in una
profumeria.*

camerino • stanza per
provare i vestiti in
un negozio - *Mi scusi,
posso provare questi
pantaloni? - Certo
signora, il camerino è
libero!*

manica

– C'è lo sconto? – domando.

La sua testa dice: no.
Quando pago, do 5 euro in meno e vado. Voglio vedere se questa volta la ragazza riesce a dire una parola.

- – Signore!
- – Sì, cosa c'è?
- – Mancano 5 euro.
- – Lo so. – dico con un sorriso.

Quando il problema sono i soldi, parlano anche i taciturni.

fai gli ESERCIZI
vai a pagina 50

---

sconto • prezzo più basso, economico *Ho comprato queste scarpe con uno sconto del 30%.*
mancano (inf. mancare) • non ci sono *Oggi in classe siamo pochi, mancano molti studenti.*

8. Roma • la città degli scortesi

Secondo te, cosa rende una persona scortese? Conosci molte persone così?

Roma è la capitale d'Italia, la città eterna. È una città grande e piena di cose da vedere. Il problema è che non è facile trovare persone gentili. L'ho capito quando sono entrato in un caffè vicino a Piazza Navona.

– Buongiorno! – dico al barista.
– Mmh... – risponde e poi domanda – Che cosa vuoi?

So che di solito in Italia danno del Lei, ma forse qui a Roma è diverso.

– Non so, ho un po' fame. Cosa avete da mangiare?
– Niente! Siamo un bar, non un ristorante.
– Allora prendo un caffè. Un espresso.
– Uff! – fa il barista.

Prepara il caffè in fretta e poi lo mette sul mio tavolo. Per fortuna Roma è una città veramente bella: Piazza di Spagna, la Fontana di Trevi, il Colosseo... è veramente un museo all'aperto. La sera decido di cenare in un ristorante tipico romano.

– Buonasera! – dico.
– Buonasera. Ma sei solo?

▶ note

scortese • maleducato, il contrario di "gentile" *Perché sei sempre così scortese? Non sei simpatico!*
eterna • senza tempo, infinita *Per alcune religioni la vita dopo la morte è eterna.*

Anche questo cameriere mi dà del tu. Ma io come devo rispondere? Decido di usare poche parole. Alla sua domanda rispondo semplicemente:

– Sì, sono solo.
– Uff, adesso vedo se c'è un tavolo per una persona sola... ma non puoi trovare una fidanzata?
– Come?
– Niente, niente. Allora, ecco il tavolo, un tavolo da quattro, vedi?
– Grazie!
– Sì... Che cosa vuoi mangiare?
– Vorrei provare l'amatriciana.
– Certo, bucatini all'amatriciana. Però i bucatini li dobbiamo cucinare; tu sei qui da solo e abbiamo già un piatto pronto di spaghetti alla carbonara: li prendi e li mangi subito, così poi finisci e lasci il tavolo libero.
– Grazie, ma...
– Da bere? Vino? No, non hai la faccia da vino. Preferisci la birra.
– Sì, di solito prendo la birra nel mio Paese, ma forse qui in Italia...
– Ho capito, ti porto una birra.

Alla fine decide lui tutto il menù, anche il dolce. Mentre sto mangiando la pasta, il cameriere torna.

– Allora, non hai finito? Ho bisogno del tavolo.
– *Gghmghgh* (non posso parlare, ho la bocca piena).
– Posso prendere il piatto? Hai finito, no? Non fa bene mangiare troppo. Questo è il conto: sono 25 euro. Adesso devi andare, c'è una famiglia di francesi che deve sedersi al tuo tavolo.

Bella Roma, ma dopo due giorni decido di partire e andare in un'altra città.

fai gli ESERCIZI
vai a pagina 52

---

note ◄

bucatini all'amatriciana • spaghetti molto grandi con sugo di carne e pomodoro

ALMA Edizioni • Letture Italiano Facile

9. Venezia • la città dei gentili

traccia 9

È bello incontrare persone gentili: a te capita spesso? Secondo te essere gentile è sempre una bella cosa?

Ha ragione chi dice che Venezia è una città unica: i canali, i palazzi antichi, le vie strette: le chiamano "calli". Non ci sono macchine, ma barche e piccole navi, i "vaporetti". I veneziani sono molto gentili. Non mi chiamano "signore", ma "sior". Camminare per le calli a volte non è facile:

– Sior, prego, deve passare? Prima Lei!
– Sior, vuole entrare? Prego, prima Lei!

In questo modo ho perso tre vaporetti e due gondole. Ma anche chiedere un'informazione non è facile:

– Mi scusi, il ponte di Rialto non è lontano, vero?
– No, sior, è qui vicino: deve andare a destra e poi... ma posso venire con Lei, sior.
– Ma no grazie, se è vicino...

note ◂

unica • esclusiva, incomparabile *Che bella la Toscana! È una regione unica.*
canali • strade nell'acqua *Venezia e Amsterdam hanno molti canali.*
strette • il contrario di "larghe" *Queste scarpe sono strette. Posso provare il numero più grande?*

barche

ho perso (inf. perdere) • non sono riuscito a prendere *Scusate il ritardo, ma ho perso l'autobus.*

– Non è così facile, sior: nelle calli è facile sbagliare. Insisto per venire con Lei.

– Grazie, non voglio disturbarLa.

– Nessun disturbo, sior! Per me è un piacere. Ecco, vede? Ora a destra, nel Campo Santa Margherita.

– Campo? Ma ci sono campi a Venezia?

– Ma no, a Venezia chiamiamo così le piazze! Ecco, dopo questa piazza, questo campo, andiamo a sinistra. Ma non vogliamo bere un'ombra in quel bar?

– Un'ombra?

– Sì, a Venezia chiamiamo così un bicchiere di vino. Posso? Segno sulla sua mappa le cose più belle da vedere.

– Ma no, non c'è bisogno, grazie...

– Ma cosa dice? Ecco, questo bar va bene?

– Sì, mi piace...

– Prego, prima Lei.

Abbiamo passato due ore al bar. Tonio, la mia guida personale, mi ha scritto almeno 10 itinerari diversi: uno se ho voglia di vedere musei, un altro se piove, un altro se sono triste... Naturalmente in queste due ore abbiamo bevuto molto vino.
Sono arrivato a Rialto dopo tre "ombre" ma non ho visto bene il Canal Grande, perché troppo ubriaco.

Durante i miei due giorni a Venezia, ho visto molte cose belle, ho visitato la basilica di San Marco e ho camminato nelle calli ricche di storia e dove hanno camminato personaggi famosi di Venezia come

---

▶ note ————————————————————

insisto (inf. insistere) •
ripeto - *Perché dici che è giusto? È sbagliato! - No! Insisto: è giusto.*

segno (inf. segnare) •
indico con una linea, con un simbolo

almeno • come minimo, non meno di... - *Quante persone vengono a cena? - Almeno otto.*

ubriaco • che ha bevuto molto alcol *Sei ubriaco, non puoi guidare la macchina!*

Marco Polo o Casanova: qualcuno dice che i loro fantasmi abitano ancora tra i palazzi veneziani, nella nebbia delle sere d'autunno. In effetti, nei miei due giorni veneziani ho guardato spesso intorno a me, un po' nervoso, ma non per paura dei fantasmi: per paura di incontrare di nuovo Tonio.

fai gli ESERCIZI
vai a pagina 54

fantasmi

autunno • stagione che viene prima dell'inverno *L'autunno è la mia stagione preferita, mi piacciono soprattutto i colori delle foglie.*
per paura • per terrore *Per paura di trovare traffico, Giorgio è uscito molto presto.*

10. Torino • la città dei pignoli

Una persona pignola è una persona che vuole fare le cose in modo perfetto e sta attenta anche ai più piccoli particolari. Conosci qualcuno così? Secondo te "essere pignoli" è un bene o un male?

Torino è una città industriale del Nord Italia: è famosa per la Fiat, il Museo del Cinema e… la Juventus. Ma è anche la "città dei pignoli". Vi spiego perché. Prima di tutto, devo dire che la città dei pignoli non è una città dove le cose funzionano bene. Al contrario, posso dire che non funziona quasi niente. Per esempio, ho lasciato la macchina in un parcheggio per prendere l'autobus, che però non è mai partito. Ecco il dialogo tra l'autista dell'autobus e uno dei passeggeri.

– A che ora parte l'autobus? – chiede il passeggero all'autista.
– Alle 12:22.
– Allora perché non partiamo? Sono le 12:22 e 8 secondi!
– No, il mio orologio fa le 12:21 e 35 secondi, quindi abbiamo ancora 25 secondi prima della partenza.
– Veramente – dice un altro passeggero – sono le 12:21 e 51 secondi e quindi è quasi ora di partire!
– No – dice l'autista – il mio orologio dà l'orario ufficiale di noi autisti!
– Allora avete orologi che non funzionano bene – dice una signora – perché il mio orologio fa le 12:23 e 18 secondi: significa che siamo in ritardo di un minuto e 18 secondi, che ora sono già 19, 20, 21, 22…

▸ note

industriale • con molte industrie e fabbriche *Di solito la zona industriale non è in centro ma fuori città.*
al contrario • all'opposto - *Mario è molto simpatico! - Al contrario, è antipatico e scortese!.*
autista • la persona che guida un mezzo di trasporto *L'autista di un taxi in italiano si chiama "tassista".*

– Se avete orologi così poco precisi – dice il primo signore – chi ci dice che gli autobus funzionano bene? Avete controllato acqua, olio... ?
– Certo! – risponde l'autista.
– E quando?
– Pochi giorni fa!
– In pochi giorni le cose possono cambiare, non crede?
– Ha ragione – dice l'autista e telefona all'azienda.

È passata più di mezz'ora e l'autobus non è ancora partito. Decido allora di prendere un taxi.

– Per il centro, per favore. – dico all'autista.
– Eh, è facile dire "centro"... bisogna essere precisi. Ho bisogno del nome di una via, di una piazza... Vuole andare a vedere La Mole, il Museo del Cinema? O preferisce cominciare da Palazzo Reale?
– Il Palazzo Reale? Sì, forse...
– Ah, ma forse Lei è qui per vedere il Museo egizio!
– Un Museo egizio? C'è un Museo egizio qui a Torino?
– Ma certo, non lo sa? È il secondo nel mondo per importanza!
Allora, dove vuole andare? Voglio un indirizzo, il nome di un posto, qualcosa di preciso!

E parte. Rimango sulla strada, senza dire una parola. Torno alla stazione e riparto.

fai gli ESERCIZI
vai a pagina 56

---

note ◀

azienda • compagnia, società *La Coca Cola è un'azienda americana.*
precisi • attenti, esatti *I tuoi conti non sono precisi, il risultato è sbagliato!*

11. Napoli • la città dei distratti

> Una persona distratta è una persona che non fa le cose con attenzione perché pensa ad altre cose.
> Tu sei distratto? Quando?

Sono da poche ore a Napoli e ho già capito che la vita qui non è facile. So che Napoli ha tanti problemi, ma secondo me il problema vero è che qui tutti dimenticano tutto. Per esempio quando scendo dall'aereo, le mie valigie non arrivano. Vado all'ufficio oggetti smarriti per chiedere informazioni. L'impiegato fa mille telefonate, grida, fa gesti anche se parla al telefono e nessuno può vederlo.

Qualche telefonata dopo, non è cambiato niente: le mie valigie non arrivano. Così prendo un taxi per andare all'albergo. Ma dopo un'ora non siamo ancora arrivati. Allora chiedo:

– Mi scusi, ma quando arriviamo?
– Ah già, quale albergo mi ha detto, scusi?
– L'hotel Centrale.
– Ah sì, certo, che distratto! Ho sbagliato strada. Ecco, ora giro a destra e siamo arrivati.
– Quant'è?
– 83 euro.

Gli do 100 euro, ma il tassista è veramente molto distratto: dimentica di

---

note ◀

dimenticano (inf. dimenticare) • non ricordano *I miei amici non dimenticano mai il mio compleanno!*

valigie

ufficio oggetti smarriti • deposito di oggetti dimenticati *Devo passare all'ufficio oggetti smarriti perché ieri ho dimenticato la borsa in metropolitana.*

grida (inf. gridare) • urla, parla a voce alta *Perché Luca grida? I bambini stanno dormendo.*

darmi il resto e riparte.

In albergo non trovo la camera libera. Il direttore mi dice:

– Mi dispiace signore, il mio impiegato forse ha dimenticato la sua prenotazione e ora tutte le stanze sono occupate.

– E io come faccio?

– Un momento... Forse non sono tutte occupate. Sì, forse c'è una camera libera, ma costa 50 euro di più...

Pago i 50 euro. Un signore dietro di me mi guarda.

– Lei non è di Napoli, vero?

– No...

– Mi presento: Gennaro Bonaventura. Posso offrirLe un babà?

– Grazie, molto gentile. Ma... che cos'è un babà?

– Ah, Lei non sa neanche cos'è un babà! Ma è fortunato: qui di fronte fanno i migliori babà di Napoli. E ci dev'essere sicuramente un caffè sospeso.

– Un caffè sospeso? E cos'è?

– Entriamo, così può vedere.

Entriamo nel bar. Tutti conoscono il signor Gennaro e salutano con rispetto.

Mangio il babà, un dolce molto buono.

– Vito, c'è un caffè sospeso? – chiede il signor Gennaro al barista.

– Don Genna', per Lei il caffè sospeso c'è sempre!

– Non è per me, ma per questo mio amico, che non è di Napoli.

– Ah, allora i caffè sospesi sono due! – dice Vito.

▶ note

resto • differenza tra il prezzo di qualcosa e quello che pago - *Sono 3 euro. - Ecco 5 euro. - Bene, e questi sono 2 euro di resto.*
prenotazione • ordinazione *Buona sera, abbiamo una prenotazione a nome Rossi: una camera per due persone.*

babà • dolce tipico napoletano
Don • parola che si usa prima di un nome di persona maschile e che significa "signore"

Poi Gennaro mi spiega:

> – Il caffè sospeso è un caffè che qualcuno ha pagato, ma non ha bevuto.
> – E perché fa così? Si dimentica di bere?
> – Ma no! – sorride Gennaro – È un caffè che qualcuno paga per una persona che deve ancora arrivare e che non ha i soldi per pagare. Per esempio: una persona che ha dimenticato i soldi a casa.
> – Ho capito.

Rido.

> – Perché ride? – domanda Gennaro.
> – Rido perché Napoli è veramente una città molto particolare! – dico.
> – Ah! Che cosa vuol dire?
> – Qui siete tutti distratti. All'aeroporto hanno dimenticato le mie valigie, il tassista ha dimenticato il resto, in albergo hanno dimenticato la mia prenotazione...

Ora è Gennaro che ride:

> – Ahahaha! Distratti! Sì, noi napoletani siamo molto, molto distratti!

Quando usciamo vedo che Gennaro non paga il babà: forse è anche lui un po' distratto?

fai gli ESERCIZI
vai a pagina 58

---

note ◄

rido (inf. ridere)

12. ...Partenza!

Perché secondo te questo capitolo si chiama "partenza"? Il protagonista non è già partito?

– Sveglia, Robert, devi partire!
– Eh, cosa? Quando? Ma... sono tornato proprio adesso!
– Tornato da dove? Cosa dici?

Sono a casa, sul mio letto, è il giorno della partenza.

– Ma allora... è stato tutto un sogno?
– Cosa?
– Ma sì, le città, la gente... Ho pensato troppo alle parole del mio amico, "ogni città italiana ha un suo carattere", e ho fatto un sogno strano...
– E in questo tuo sogno sei partito e sei ritornato?
– Sì, ho fatto il mio viaggio in Italia: sono andato a Venezia, Milano, Roma, Firenze... Ma la cosa strana è che in una città ho trovato tutte persone scortesi, in un'altra tutte generose, o tutte distratte, o tutte taciturne...
– Mamma mia, che sogno! Ma come puoi pensare questo? Non ci sono posti così, dove tutte le persone sono uguali!
– Sì, per fortuna!
– Beh, ora non devi pensare ai sogni: la vera Italia ti aspetta e la valigia non è ancora pronta!
– Hai ragione, devo preparare la valigia: l'Italia "vera" mi aspetta.

fai gli ESERCIZI
vai a pagina 60

▶ note

protagonista • personaggio principale *Il protagonista di Harry Potter è un giovane mago.*
sogno • le immagini che vediamo quando dormiamo *Mi sono svegliata d'improvviso perché ho fatto un brutto sogno*

1 • Vero o falso?

	V	F
a. Il protagonista ha organizzato un viaggio di dieci giorni in Italia.	☐	☐
b. L'amico del protagonista non è mai stato in Italia.	☐	☐
c. L'amico del protagonista dice che ogni città d'Italia ha un carattere diverso.	☐	☐
d. Il giorno prima della partenza il protagonista dorme molto bene.	☐	☐

2 • Metti in ordine il dialogo.

☐1☐ a. Allora domani parti!
☐ c. Dieci.
☐ d. Per quanti giorni?
☐ e. Sì, vado in Italia.
☐ f. Sì.
☐ g. Davvero? Io sono stato in Italia due volte, da giovane: è bellissima!
☐5☐ h. È la prima volta che vai in Italia?

3 • Scegli la parola giusta.

– Cosa pensi degli **italiani/italiano/italiane**?
– Cosa vuoi dire?
– Beh, sono così **diverso/diverse/diversi** da noi...
– Ma sono **diverso/diverse/diversi** anche tra loro! **Ognuno/Ogni/Ognuna** città ha un **suo/sue/suoi** carattere, e il Nord Italia è molto **diverso/diverse/diversi** dal Sud.
– Cosa? **Ognuno/Ogni/Ognuna** città ha un **suo/sue/suoi** carattere?
– Sì, ma è tutto molto **interessante/interessanti/interessanto**!
Quando torni mi racconti le **tua/tuoi/tue** impressioni!

▸ note

protagonista • personaggio principale *Il protagonista di Harry Potter è un giovane mago.*

4 • Completa il testo con il presente dei verbi.

La notte prima della partenza non (*io – riuscire*) _____ a dormire. (*Pensare*) _____ alle parole del mio amico: "Ogni città (*avere*) _____ un suo carattere."
Cosa (*significare*) _____? (*Pensare*) _____ al mio viaggio e piano piano (*addormentarsi*) _____.
L'Italia mi (*aspettare*) _____.

5 • Riscrivi il testo dell'esercizio 4 alla terza persona singolare (Lui), come nell'esempio.

La notte prima della partenza non riesce a dormire.

Ci sono molte differenze tra l'Italia del Nord e l'Italia del Sud: il clima, prima di tutto, ma non solo.
Le regioni più a Nord sono vicine alla Francia, alla Svizzera e all'Austria, quelle più a Sud sono a contatto con il Mare Mediterraneo.
Per questo è molto difficile parlare di una cosa "tipica" italiana.
Qualche volta è tipica al Nord ma non al Sud, e viceversa.

6 • Completa la mappa dell'Italia con i nomi delle città della lista.

Bologna	Cagliari	Firenze	Genova	Milano
Napoli	Palermo	Roma	Torino	Venezia

1 • Scegli la frase giusta.

1. Genova è una città
   - ☐ a. sul mare.
   - ☐ b. sul lago.

2. Il protagonista
   - ☐ a. conosce il centro storico di Genova.
   - ☐ b. non conosce il centro storico di Genova.

3. L'edicola è
   - ☐ a. vicino al bar.
   - ☐ b. vicino alla banca.

4. Il caffè al tavolo costa
   - ☐ a. 2 euro.
   - ☐ b. 15 euro e cinquanta.

2 • Completa il testo con le parole della lista.

canzone	cantautori	panorama	porto	radio

Genova è una città sul mare, con un grande _____ famoso in tutta Europa. Genova è famosa anche per i suoi poeti e i suoi _____. A me piace ascoltare la _____ dei Paesi che visito e quando arrivo a Genova alla radio c'è proprio una _____ di un cantautore genovese: Fabrizio De André. È una canzone bella e triste, come il _____ della mia stanza d'albergo.

Fabrizio De André

3 • Scegli la parola giusta.

– Buongiorno. **Vorrei/Dovrei/Potrei** un'informazione.

– Certo, ma **deve/vuole/può** prendere anche un caffè.

– Ah. E perché?

– Perché questo non **ha/è/sta** un ufficio informazioni, **ha/è/sta** un bar.

– D'accordo. Allora un caffè.

– Certo. Ecco qui. 2 euro!

– 2 euro? Ma nel menù c'è scritto 90 centesimi!

– Non ho scritto io il menù. E poi, il caffè al tavolo **costano/costa/costi** di più.

4 • Completa il dialogo con i verbi.

– Buongiorno, (*Lei – avere*) _____ 20 euro da cambiare?

– E cosa (*essere*) _____ io, la banca? Io (*vendere*) _____ giornali e riviste .

– Sì, ma io (*dovere*) _____ pagare un caffè e il barista non (*avere*) _____ il resto.

– Molto interessante: e perché (*Lei – venire*) _____ da me?

– Per cambiare i 20 euro...

– Ho detto che io (*vendere*) _____ giornali. (*Io – ripetere*) _____: (*vendere*) _____. Capito?

5 • Abbina i negozi ai prodotti, come nell'esempio.

a. edicola 4
b. cartoleria ☐
c. libreria ☐

d. farmacia ☐
e. profumeria ☐
f. pasticceria ☐

1. quaderno

2. medicine

3. guide turistiche

4. giornali

5. dolci

6. cosmetici

1 • Scegli la frase giusta.

1. Bologna è importante per
   ☐ a. una piazza.
   ☐ b. l'università.
   ☐ c. il mare.

2. Il protagonista va a pranzo
   ☐ a. in un ristorante.
   ☐ b. con altre sei persone.
   ☐ c. a casa di un signore.

3. Il protagonista sa
   ☐ a. cosa sono le piadine.
   ☐ b. cos'è la crescenza.
   ☐ c. cosa sono i tortellini.

4. Il dottore dice al protagonista
   ☐ a. di andare a mangiare da lui.
   ☐ b. di fare una dieta.
   ☐ c. di andare alla stazione.

2 • Scrivi l'ultima lettera.

Mi hanno detto che Bologna è famos___ perché qui c'è la più antic___
università del mondo. Per questo gli italiani chiamano Bologna
la dotta, cioè la città dello studio. Vengono a Bologna molt___ studenti
da tutt___ le parti d'Italia. Quando il treno arriva, capisco subito
che Bologna è molto divers___da Genova: tutti sorridono, tutti sono
gentil___.

3 • Metti in ordine il dialogo.

1 a. Sì, deve andare in fondo a destra, ma posso venire con Lei.
☐ b. Ma non voglio disturb....
☐ c. Nessun disturbo! Mia moglie cucina benissimo, ora le telefono...
    Sara? Oggi abbiamo un altro ospite!
☐ d. Grazie, molto gentile, ma io....
☐ e. Ma è quasi l'una, perché non mangiamo insieme?
    Naturalmente offro io!

4 • Abbina le immagini ai nomi della lista, come nell'esempio.

a. mortadella ☐

b. piadina ☐

c. crescenza 1

d. tagliatelle ☐

e. tortellini ☐

✎ Alcuni numeri su Bologna

1088: l'anno "di nascita" dell'università di Bologna.

97: i metri di altezza della torre degli Asinelli, una delle due famose torri di Bologna, simbolo della città. L'altra, della Garisenda, è alta 48 metri.

1487: secondo la leggenda, è in quest'anno che un cuoco di nome Zefirano ha inventato le tagliatelle.

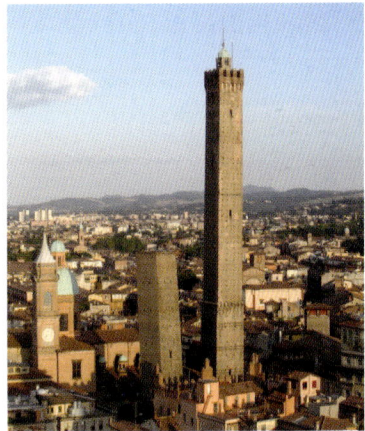

1 • Vero o falso?

		V	F
a.	A Milano c'è sole e fa caldo.	☐	☐
b.	Il protagonista va a Milano e mangia il panettone.	☐	☐
c.	I milanesi sono sempre occupati a fare qualcosa.	☐	☐
d.	Il protagonista mangia nella rosticceria.	☐	☐
e.	La metropolitana di Milano è piena di turisti.	☐	☐

2 • Completa il testo con il presente dei verbi.

(*Io – essere*) _____ a Milano e (*trovare*) _____
la nebbia, ma (*sapere*) _____ che in questa stagione
è una cosa normale. La gente (*camminare*) _____ di fretta
e (*sembrare*) _____ tutti molto occupati: mentre
(*camminare*) _____ (*leggere*) _____ qualcosa,
(*mangiare*) _____ un pezzo di pizza, (*parlare*) _____
al telefono o (*scrivere*) _____ messaggi, mail, o non
(*io – saper*e) _____ cosa. (*Sembrare*) _____
impossibile parlare con un milanese.

3 • Completa il dialogo con le parole della lista.

riso	turno	tempo	profumo

– E allora cosa vuole? Mi scusi, ma qui non abbiamo _____
da perdere.
– Uhm, però ora che sento questo _____, forse assaggio
qualcosa: che cos'è quel _____ giallo?
– Risotto alla milanese. Ma deve aspettare il Suo _____. Non
deve aspettare molto. Noi siamo molto veloci.
– Certo, certo. Immagino.

4 • Completa le frasi e trova le parole nello schema.

a. A Milano tutti hanno_____.

b. Un piatto di riso giallo, tipico di Milano: _____alla milanese.

c. A Milano spesso in inverno c'è la _____ e non si vede niente!

d. Non tutti lo sanno, ma il famoso capolavoro di Leonardo, il

_____ è proprio a Milano.

e. Non sai cos'è il

_____ ? Ma è il dolce natalizio tipico di Milano!

N	P	A	N	E	T	T	O	N	E
W	U	L	E	O	T	E	M	E	T
F	I	Q	B	N	A	L	B	L	F
U	R	Z	B	A	T	E	R	I	R
I	I	G	I	A	N	G	E	A	E
C	E	N	A	C	O	L	O	I	T
E	A	F	T	F	I	N	L	O	T
R	I	S	O	T	T	O	I	I	A
N	T	P	O	E	T	I	V	E	S

✎ Milano

È sicuramente una città moderna, la città della moda e della tecnologia, ma Milano è anche una città antica, di origini romane con una lunga storia. Basta visitare la bellissima basilica di S. Ambrogio, medievale, o il Castello Sforzesco, del 1400.
Non dimenticate che proprio a Milano c'è il Cenacolo di Leonardo da Vinci, e che il famoso Duomo della città è uno dei più importanti esempi di stile gotico in Italia.

1 • Scegli la frase giusta.

1. La Sicilia è
☐ a. un'isola grande.
☐ b. un'isola piccola.

2. Il protagonista arriva in Sicilia
☐ a. con la nave.
☐ b. in aereo.

3. Il protagonista va in taxi
☐ a. a vedere l'Etna.
☐ b. in un posto che non conosce.

4. Il Bed & Breakfast
☐ a. ha una sola stanza libera.
☐ b. è quasi vuoto.

2 • Scegli la preposizione corretta.

La Sicilia è una **delle/dalle/sulle** due grandi isole italiane. Arrivo **di/dell'/all**'aeroporto di Palermo all'ora **a/di/per** pranzo: c'è un bel sole, la Sicilia è famosa anche **dal/sul/per** il sole e il mare.
Prendo un taxi **al/per/dal** Palermo, ma il tassista non è d'accordo.

– Perché volete andare tutti sempre **a/in/per** Palermo? Va bene, la cattedrale è bella, e anche Palazzo dei Normanni, certo, ma abbiamo anche dei dintorni bellissimi, Lei lo sa? Se vuole, La porto io **a/in/nel** un posto particolare.
– Dove? Vicino l'Etna? – chiedo.
– Cosa? L'Etna?? Ahahah, ma Lei sa dov'è l'Etna?
– Veramente... no.
– L'Etna è vicino **a/per/da** Catania, **a/per/da** centinaia di chilometri **per/da/su** qui...

Il vulcano Etna

3 • Completa il testo con i verbi.

– Lei (*volere*) _____ una camera. – dice la signora Carmela.

– Sì. – (*rispondere*) _____ io.

– Mio marito (*essere*) _____ a pranzo in paese e io (*essere*) _____ seduta qui. E (*sapere*) _____ perché? A quest'ora il sole (*arrivare*) _____ proprio qui davanti alla porta e io (*avere*) _____ bisogno di sole. Il sole mi (*fare*) _____ bene. Però il sole qui non (*restare*) _____ molto, solo 10 minuti.

– Capisco. Ma io...

– Le chiavi (*essere*) _____ alla reception. (*Potere*) _____ prendere Lei la chiave della Sua camera. Solo la 18 (*essere*) _____ occupata.

🖊 Palermo

Palermo è la città più importante della Sicilia e ha una lunga storia, che inizia prima dei Romani.

È stata sempre una città importante, soprattutto durante la dominazione degli arabi e poi dei Normanni, nel XII secolo. Questo è evidente anche dai suoi monumenti più importanti, la cattedrale di Santa Rosalia e il Palazzo dei Normanni, il più antico palazzo reale d'Europa.

1 • Vero o falso?

	V	F
a. Firenze è una città ricca di storia.	☐	☐
b. Il protagonista è vegetariano.	☐	☐
c. Il cameriere ha una cugina sposata con un vegano.	☐	☐
d. A Firenze le notizie corrono in fretta.	☐	☐
e. Il protagonista vuole conoscere Pina.	☐	☐

📎 Firenze e il Rinascimento

Quando parliamo di Rinascimento, parliamo di Firenze: la città dove hanno lavorato i più grandi artisti, architetti e filosofi di questo periodo, come Leonardo da Vinci, Michelangelo, Donatello, Filippo Brunelleschi, Machiavelli e molti altri.

2 • Metti in ordine le parole e ricostruisci le frasi.

cameriere	camminare	città
domande	ristorante	viaggio

a. Firenze è la _____ del Rinascimento e _____
a Firenze è un po' come fare un _____ nel tempo.

b. Entro in un _____ e mi siedo. Appena ordino,
il _____ inizia con le _____ .

3 • Riscrivi il dialogo dall'informale (Tu) al formale (Lei), come nell'esempio.

INFORMALE
– Ciao, sei appena arrivato?
– Sì, io...
– Ah, e vieni da lontano?
– Sì, vengo da...
– Capisco, un viaggio lungo, eh?
– Sì...
– Ma perché non prendiamo qualcosa da bere, così mi racconti tutto con calma? Sicuramente tu hai tante cose da raccontare!

FORMALE
– _Buongiorno, è_ appena arrivato?
– Sì, io...
– Ah, e _____ da lontano?
– Sì, vengo da...
– Capisco, un viaggio lungo, eh?
– Sì...
– Ma perché non prendiamo qualcosa da bere, così mi
_____ tutto con calma? Sicuramente _____
_____ tante cose da raccontare!

1 • Scegli la frase giusta.

1. Il protagonista in aereo
   - ☐ a. non ha voglia di parlare.
   - ☐ b. commenta il panorama.

2. Il tassista
   - ☐ a. si esprime a gesti.
   - ☐ b. non capisce l'italiano.

3. In albergo
   - ☐ a. non c'è l'ascensore.
   - ☐ b. ci sono camere libere.

4. Il protagonista compra
   - ☐ a. una giacca blu.
   - ☐ b. una giacca nera.

2 • Completa il testo con i verbi.

La Sardegna: (*io - leggere*) _____ sulla guida che (*essere*) _____ un posto particolare, con spiagge meravigliose. Mentre l'aereo (*scendere*) _____ verso Cagliari, (*guardare*) _____ il panorama tra terra e mare. Il passeggero vicino a me (*guardare*) _____ dalla stessa parte.

3 • Risolvi il cruciverba.

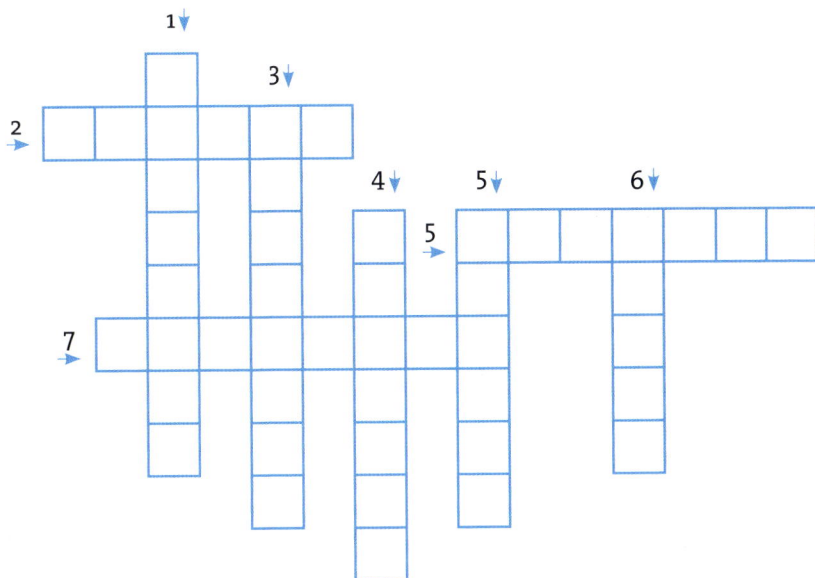

Orizzontali

2. Il protagonista vuole comprare una _____ blu o nera.
5. Una camera per una persona.
7. Dove proviamo i vestiti.

Verticali

1. Da questa finestra c'è un _____ bellissimo sulla città!
3. La ragazza che lavora in un negozio.
4. Quelle della Sardegna sono meravigliose.
5. Prima di comprare, chiediamo spesso se c'è lo _____, così spendiamo meno.
6. Il tassista usa un _____ per dire "prego" e "arrivederci".

1 • Scegli la frase giusta.

1. Il protagonista al bar
   ☐ a. prende un panino.
   ☐ b. prende un caffè.
   ☐ c. non prende niente.

2. Il protagonista
   ☐ a. vuole mangiare piatti tipici romani.
   ☐ b. cerca un ristorante economico.
   ☐ c. cerca un ristorante del suo paese.

3. Il cameriere del ristorante
   ☐ a. conosce la fidanzata del protagonista.
   ☐ b. porta bucatini all'amatriciana.
   ☐ c. decide il menù del protagonista.

4. Il protagonista resta a Roma
   ☐ a. due giorni.
   ☐ b. due ore.
   ☐ c. due settimane.

2 • Completa i testi con le parole della lista.

fortuna	eterna	fretta	capitale	cenare
piazza	museo	gentili	fontana	

a. Roma è la _____ d'Italia, la città _____. È una città grande e piena di cose da vedere. Il problema è che non è facile trovare persone _____. L'ho capito quando sono entrato in un caffè vicino a _____ Navona.

b. Il barista prepara il caffè in _____ e poi lo mette sul mio tavolo. Per _____ Roma è una città veramente bella: piazza di Spagna, la _____ di Trevi, il Colosseo... è veramente un _____ all'aperto. La sera decido di _____ in un ristorante tipico romano.

✎ Cucina tipica romana

In queste pagine abbiamo incontrato l'amatriciana e la carbonara: sono due dei "primi piatti" tipici della cucina romana.

Roma infatti è famosa non solo per i suoi monumenti e la sua storia, ma anche per la sua cucina, gustosa e ricca di sapori: non solo pasta, ma anche carne e verdure fanno della cucina romana un altro motivo per visitare la capitale d'Italia.

3 • Completa il dialogo al formale (Lei), come nell'esempio.

– Buonasera! – dico.

– Buonasera. Ma (*essere*) __è__ solo?

– Sì, sono solo.

– Uff, adesso vedo se c'è un tavolo per una persona sola... ma non (*potere*) _____ trovare una fidanzata?

– Come?

– Niente, niente. Allora, ecco il tavolo, un tavolo da quattro, (*vedere*) _____?

– Grazie!

– Sì... Che cosa (*volere*) _____ mangiare?

– Vorrei provare l'amatriciana.

– Certo, bucatini all'amatriciana . Però i bucatini li dobbiamo cucinare; Lei (*essere*) _____ qui da solo e abbiamo già un piatto pronto di spaghetti alla carbonara: li (*prendere*) _____ e li (*mangiare*) _____ subito, così poi (*finire*) _____ e (*lasciare*) _____ il tavolo libero.

– Grazie, ma...

– Da bere? Vino? No, non (*avere*) _____ la faccia da vino. (*Preferire*) _____ la birra.

– Sì, di solito prendo la birra nel mio Paese, ma forse qui in Italia...

– Ho capito, Le porto una birra.

1 • Ricostruisci le frasi, come nell'esempio.

A Venezia...

a. le vie si chiamano ☐

b. le piccole navi si chiamano ☐

c. non dicono "signore", ma ☑2

d. le piazze si chiamano ☐

e. un bicchiere di vino si chiama ☐

1. campi

2. ~~sior~~

3. ombra

4. calli

5. vaporetti

2 • Metti in ordine il dialogo.

☐ a. Mi scusi, il ponte di Rialto non è lontano, vero?

☐ b. Non è così facile, sior: nelle calli è facile sbagliare. Insisto per venire con Lei.

☑3 c. Ma no grazie, se è vicino...

☐ d. Grazie, non voglio disturbarLa.

☐ e. No, sior, è qui vicino: deve andare a destra e poi... ma posso venire con Lei, sior.

☐ f. Nessun disturbo, sior! Per me è un piacere.

📎 Venezia è un pesce

Venezia è costruita su piccole isole ed è unita alla terraferma da un ponte ferroviario e da un ponte stradale. Ha la forma di un grosso pesce tagliato a metà dal Canal Grande.

È possibile muoversi con i vaporetti, molto utilizzati sia dai turisti che dai veneziani, ma l'esperienza più bella è sicuramente visitare la città a piedi. Tutti i sestieri, i quartieri di Venezia, sono infatti collegati da un vero e proprio labirinto di ponti e piccole strade che rendono la visita della città un'avventura indimenticabile.

3 • Completa il testo con i verbi al passato prossimo.

(*Io – arrivare*) _____ a Rialto dopo tre "ombre" ma non (*vedere*) _____ bene il Canal Grande, perché troppo ubriaco. Durante i miei due giorni a Venezia, (*vedere*) _____ molte cose belle, (*visitare*) _____ la basilica di San Marco e (*camminare*) _____ nelle calli ricche di storia e dove (*camminare*) _____ personaggi famosi di Venezia come Marco Polo o Casanova.

✎ Veneziani famosi: Marco Polo e Casanova

Due veneziani molto diversi: Marco Polo è il viaggiatore, Casanova il seduttore.

Marco Polo (1254-1324) ha iniziato i suoi viaggi da bambino, con il padre e lo zio nel 1271. Ha scritto *Il Milione*, il libro dove racconta i suoi viaggi fino alla Cina, ricchi di notizie e descrizioni.

Casanova (1725-1798) è stato un famoso seduttore, ma anche uno scrittore. La sua opera più famosa è la sua autobiografia, dove racconta i suoi incontri con i più importanti personaggi della sua epoca: Voltaire, Mozart, Madame de Pompadour, Caterina di Russia.

1 • Vero o falso?

	V	F
a. Torino è una città di origini egiziane.	☐	☐
b. In una città di pignoli tutto è perfetto.	☐	☐
c. L'autobus non parte perché l'orologio è fermo.	☐	☐
d. A Torino c'è un famoso museo del calcio.	☐	☐
e. Torino è famosa per una marca di auto.	☐	☐

2 • Scegli l'articolo corretto.

Torino è **una/un/un'** città industriale del Nord Italia: è famosa per **il/l'/la** Fiat, **il/l'/la** Museo del Cinema e... **il/l'/la** Juventus. Ma è anche **il/l'/la** "città dei pignoli". Vi spiego perché. Prima di tutto, devo dire che **il/l'/la** città dei pignoli non è una città dove **il/le/la** cose funzionano bene. Al contrario, posso dire che non funziona quasi niente. Per esempio, ho lasciato **il/l'/la** macchina in **una/un/un'** parcheggio per prendere **il/l'/la** autobus, che però non è mai partito.

3 • Completa lo schema e scopri il nome del marchio di auto nato a Torino.

1. A Torino c'è il museo _____ più importante dopo quello del Cairo.

2. Importante palazzo di Torino.

3. La squadra di calcio di Torino famosa per molte vittorie.

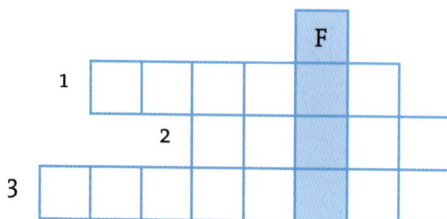

4 • Scrivi i numeri della lista in lettere, come nell'esempio..

a. 12 _____dodici_____

b. 22 _____

c. 8 _____

d. 21 _____

e. 35 _____

f. 19 _____

g. 23 _____

h. 18 _____

i. 20 _____

l. 51 _____

✎ Torino e la Fiat

Il marchio automobilistico Fiat nasce a Torino nel 1899. La famiglia Agnelli, grazie soprattutto a modelli originali, come la 500 Topolino e poi la nuova 500, fa diventare la Fiat una delle auto più conosciute al mondo.
La famiglia Agnelli fonda anche la Juventus, la celebre squadra di calcio che, insieme al Torino, rappresenta la città.

1 • Scegli la frase giusta.

1. A Napoli, il protagonista
☐ a. dimentica le valigie in taxi.
☐ b. dimentica di pagare il tassista
☐ c. non trova le valigie in aeroporto.

2. In albergo, la camera libera
☐ a. è la più bella.
☐ b. è più costosa.
☐ c. è all'ultimo piano.

3. Un "caffè sospeso" è
☐ a. un caffè dimenticato.
☐ b. un caffè già pagato.
☐ c. un caffè che non vuole nessuno.

4. Al bar
☐ a. Don Gennaro paga il babà.
☐ b. il protagonista paga il babà.
☐ c. nessuno paga il babà.

2 • Completa il testo con le preposizioni della lista.

| dall' | da | all' | all' | per | al | per | per | a |

Sono ___ poche ore ___ Napoli e ho già capito che la vita qui non è facile. So che Napoli ha tanti problemi, ma secondo me il problema vero è che qui tutti dimenticano tutto. ___ esempio quando scendo ___ aereo, le mie valigie non arrivano. Vado ___ ufficio oggetti smarriti ___ chiedere informazioni. L'impiegato fa mille telefonate, grida, fa gesti anche se parla ___ telefono e nessuno può vederlo.
Qualche telefonata dopo, non è cambiato niente: le mie valigie non arrivano. Così prendo un taxi ___ andare ___ albergo.

3 • Scrivi l'ultima lettera.

In alberg___ non trovo la camer___ liber___. Il direttor___ mi dice:

– Mi dispiace signore, il mio impiegat___ forse ha dimenticato la
su___ prenotazion___ e ora tutte le stanz___ sono occupat___.
– E io come faccio?
– Un moment___... Forse non sono tutte occupat___. Sì, forse c'è una
camer___ liber___, ma costa 50 euro di più...

🖊 Il babà e il caffè sospeso

Il tipico dolce napoletano al
rum in verità nasce in Polonia:
il suo vero nome è *babka*, che in
Francia diventa *baba* e a Napoli,
a lungo sotto la dominazione
francese, chiamano *babà*.

Il caffè sospeso, invece, è una tradizione antica che risale a metà
dell'Ottocento .
Il "sospeso" era un caffè offerto ai poveri dai clienti più generosi.
Questa usanza è rimasta fino ad oggi come un'abitudine tipica di
Napoli.

1 • Vero o falso?

	V	F
a. Il protagonista ha solo sognato di viaggiare.	☐	☐
b. In Italia ci sono posti dove tutte le persone sono uguali.	☐	☐
c. L'Italia è un paese molto vario.	☐	☐
d. Il protagonista non ha ancora preparato la valigia.	☐	☐
e. L'Italia vera è diversa da quella che il protagonista ha sognato.	☐	☐

2 • Completa il testo con i verbi al passato prossimo.

– Sveglia, Robert, devi partire!

– Eh, cosa? Quando? Ma... (*io- tornare*) _____ proprio adesso!

– Tornato da dove? Cosa dici?

Sono a casa, sul mio letto, è il giorno della partenza.

– Ma allora... (*essere*) _____ tutto un sogno?

– Cosa?

– Ma sì, le città, la gente .... (*io- pensare*) _____ troppo alle parole del mio amico, "ogni città italiana ha un suo carattere", e (*fare*) _____ un sogno strano...

– E in questo tuo sogno (*partire*) _____ e (*ritornare*) _____?

– Sì, (*fare*) _____ il mio viaggio in Italia: (*andare*) _____ a Venezia, Milano, Roma, Firenze... Ma la cosa strana è che in una città (*trovare*) _____ tutte persone scortesi, in un'altra tutte generose, o tutte distratte, o tutte taciturne...

– Mamma mia, che sogno!

3 • Abbina gli aggettivi contrari.

a. avaro ☐
b. chiacchierone ☐
c. scortese ☐
d. pignolo ☐

1. gentile
2. distratto
3. generoso
4. taciturno

4 • Scrivi sotto alle immagini i nomi dei piatti tipici della lista.

| panettone | mortadella | babà |
| cannoli | bucatini all'amatriciana |

a._____
_____

b._____
_____

c._____
_____

d._____
_____

e._____
_____

1. La partenza

1• V: a, c; F: b, d • **2•** 1/a, 2/e, 3/d, 4/c, 5/h, 6/f, 7/g • **3•** italiani, diversi, diversi, Ogni, suo, diverso, Ogni, suo, interessante, tue• **4•** riesco, Penso, ha, significa, Penso, mi addormento, aspetta • **5•** La notte prima della partenza non riesce a dormire. Pensa alle parole del suo amico: "Ogni città ha un suo carattere". Cosa significa? Pensa al suo viaggio e piano piano si addormenta. L'Italia lo aspetta •

6•

2. Genova • la città degli avari

1• 1/a; 2/b; 3/a; 4/a • **2•** porto, cantautori, radio, canzone, panorama • **3•** Vorrei, deve, è, è, costa • **4•**ha, sono, vendo, devo, ha, viene, vendo, Ripeto, vendo • **5•**a/4; b/1; c/3; d/2; e/6; f/5

3. Bologna • la città dei generosi

1• 1/b; 2/c; 3/a; 4/a • **2•** famos**a**, antic**a**, mol**ti**, tut**te**, divers**a**, genti**li** • **3•** 1/a, 2/d, 3/e, 4/b, 5/c • **4•** a/2; b/3; c/1; d/5; e/4

4. Milano • la città dei frettolosi

1• V: c; F: a, b, d, e • **2•** sono, trovo, so, cammina, sembrano, camminano, leggono, mangiano, parlano, scrivono, so, Sembra • **3•** tempo, profumo, riso, turno • **4•**

N	P	A	N	E	T	T	O	N	E
W	U	L	E	O	T	E	M	E	T
F	I	Q	B	N	A	L	B	L	F
U	R	Z	B	A	T	E	R	I	R
I	I	G	I	A	N	G	E	A	E
C	E	N	A	C	O	L	O	I	T
E	A	F	T	F	I	N	L	O	T
R	I	S	O	T	T	O	I	I	A
N	T	P	O	E	T	I	V	E	S

5. Palermo • la città dei pigri

1• 1/a; 2/b; 3/b; 4/b • **2•** delle, all', di, per, per, a, in, a, a, di, da • **3•** vuole, rispondo, è, sono, sa, arriva, ho, fa, resta, sono, Può, è

✎ SOLUZIONI ESERCIZI

6. Firenze • la città dei chiacchieroni

1• V: a, d; F: b, c, e • 2• a. città, camminare, viaggio; b. ristorante, cameriere, domande • 3• Buongiorno, è, viene, racconta, Lei, ha

7. Cagliari • la città dei taciturni

1• 1/b; 2/a; 3/b; 4/a • 2• leggo, è, scende, guardo, guarda • 3•

```
              1
              P        3
   2 G I A C C A
              N        O    4    5              6
              O        M    S         S I N G O L A
              R        M    P    C              E
   7 C A M E R I N O                            S
              M        S    A    N              T
              A        S    G    T              O
                       A    G    O
                            E
```

8. Roma • la città degli scortesi

1• 1/b; 2/a; 3/c; 4/a • 2• capitale, eterna, gentili, piazza, fretta, fortuna, fontana, museo, cenare • 3• è, può, vede, vuole, è, prende, mangia, finisce, lascia, ha, Preferisce

9. Venezia • la città dei gentili

1• a/4; b/5; c/2; d/1; e/3 • 2• 1/a, 2/e, 3/c, 4/b, 5/d • 3• sono arrivato, ho visto, ho visto, ho visitato, ho camminato, hanno camminato

10. Torino • la città dei pignoli

1• V: e; F: a, b, c, d • 2• una, la, il, la, la, la, le, la, un, l' • 3•

```
                F
1 E G I Z I O
      2 R E A L E
3 J U V E N T U S
```

4• a. dodici; b. ventidue; c. otto; d. ventuno; e. trentacinque; f. diciannove; g. ventitrè; h. diciotto; i. venti; l. cinquantuno

11. Napoli • la città dei distratti

1• 1/c; 2/b; 3/b; 4/c • 2• da, a, Per, dall', all', per, al, per, all' • 3• albergo, camera, libera, direttore, impiegato, sua, prenotazione, stanze, occupate, momento, occupate, camera, libera

12. ...Partenza!

1• V: a, c, d, e; F: b • 2• sono tornato, è stato, ho pensato, ho fatto, sei partito, sei ritornato, ho fatto, sono andato, ho trovato • 3• a/3; b/4; c/1; d/2 • 4• a/panettone, b/mortadella, c/bucatini all'amatriciana, d/babà, e/cannoli